欽定四庫全書　　集部二

孟浩然集　　別集類一　唐

提要

臣等謹案孟浩然集四卷唐孟浩然撰前有天寶四載宜城王士源序又有天寶九載韋滔序士源序稱浩然卒于開元二十八年年五十有二凡所屬綴就輒毀棄無復編錄鄉里購采不有其半敷求四方往往而獲今集

其詩二百一十八首分為四卷此本四卷之數雖與序合而詩乃二百六十三首較原本多四十五首洪邁容齋隨筆嘗疑其示孟郊詩時代不能相及今考長安早春一首文苑英華作張子容而同張將軍薊門看燈一首亦非浩然遊跡之所及則後人竄入者多矣士源序又稱詩或缺逸未成而製思清美及他人酬贈咸録次而不棄而此本無不完之

篇亦無唱和之作其非原本尤有明徵排律之名始于高棅唐詩品彙古無此稱此本乃標排律為一體其中田家元日一首晚泊潯陽望香爐峰一首萬山潭一首渭南園即事貽皎上人一首皆五言近體而編入古詩之中臨洞庭詩舊本題下有獻張相公四字見方回瀛奎律髓此本亦無之顯然為明代重刻者所移改至序中有丞相范陽張九齡等

與浩然為忘形之交語考唐書張說嘗謫岳州司馬集中稱張相公張丞相者凡五首皆為說作若九齡則籍隸嶺南以曲江著號安得署曰范陽亦明人以意妄改也以今世所行別無他本姑仍其舊錄之而附訂其舛互如右乾隆四十三年七月恭校上

總纂官臣紀昀臣陸錫熊臣孫士毅

總校官臣陸費墀

孟浩然集序

孟浩然字浩然襄陽人也骨貌淑清風神散朗救患釋紛以立義表灌蔬藝竹以全高尚交游之中通脫傾蓋機警無匿學不為儒務掇菁藻文不按古匠心獨妙五言詩天下稱其盡美矣間遊秘省秋月新霽諸英華賦詩作會浩然句曰微雲淡河漢疎雨滴梧桐舉坐嗟其清絕咸閣筆不復為繼丞相范陽張九齡侍御史京兆王維尚書侍郎河東裴朏范陽盧僎大理評事河東裴

揔華陰太守鄭倩之守河南獨孤策率與浩然為忘形之交山南採訪使本郡守昌黎韓朝宗謂浩然閒代清律寘諸周行必詠穆如之頌因入秦與偕行先揚于朝與期約日引謁及期浩然會寮友文酒講好甚適或曰子與韓公預諾而怠之無乃不可乎浩然叱曰僕已飲矣身行樂耳遑恤其他遂畢席不赴由是閒罷既而浩然亦不之悔也其好樂忘名如此士源他時嘗筆讃之曰導漾挺靈寔生楚英浩然清發亦其自名開元二十

八年王昌齡遊襄陽時浩然疾疹發背且愈相得歡甚浪情宴謔食鮮疾動終於冶城南園年五十有二子曰儀甫浩然文不為仕佇興而作故或遲行不為飾動以求真故侶誕遊不為利期以放性故常貧名不繼於選部聚不盈於擔石雖屢空不給而自若也士源幼好名山行年十八首事陵山踐止恒嶽咨求通玄丈人又過蕪門問道隱者元知運太行採藥經王屋小有洞太白習隱訣終南修亢倉子九篇天寶四載徂夏詔書徵謁

京邑與冢臣八座討論山林之士靡至始知浩然物故嗟哉未禄於代史不必書安可哲蹤妙韻從此而絶故詳問文者隨述所論美行嘉聞十不紀一浩然凡所屬綴就輒毁棄無復編録常自歎為文不逮意也流落既多篇章散逸鄉里購採不有其半數求四方往往而獲既無他事為之傳次遂使海内衣冠縉紳經襄陽思覩其文蓋有不備見而去惜哉今集其詩二百一十八首分為四卷詩或缺逸未成而製思清美及他人酬贈咸

錄次而不棄耳王士源序
宜城王士源者藻思清遠深鑒文理常遊山水不在人
間著亢倉子數篇傳之於代余久在集賢常與諸學士
命此子不可得見天寶中忽獲浩然文集乃士源為之
序傳詞理卓絕吟諷忘疲書寫不一紙墨薄弱昔虞坂
之上逸駕與駑駘俱疲吳竈之中孤桐與樵蘓共爨遇
伯樂與伯喈遂騰聲於千古此詩若不遇王君乃十數
張故紙耳然則王君之清鑒豈減孫蔡而已哉余今繕

寫增其條目復貴士源之清才敢重述於卷首謹將此本送上秘府庶久而不泯傳芳無窮天寶九載正月初三日特進行太常卿禮儀使集賢院修撰上柱國沛國郡開國公韋縚序

欽定四庫全書

孟浩然集卷一

唐 孟浩然 撰

五言古詩

尋香山湛上人

朝遊訪名山山遠在空翠氛氲亘百里日入行始至谷口聞鍾聲林端識香氣杖策尋故人解鞍暫停騎石門殊壑險篁逕轉森邃法侶欣相逢清談曉不寐平生慕真隱累日探靈異野老朝入田山僧暮歸寺松泉多清

響苔壁饒古意願言投此山身世兩相棄

雲門寺西六七里聞符公蘭若最幽與薛八同往

謂余獨迷方逢子亦在野結交指松栢問法尋蘭若小溪劣容舟怪石屢驚馬所居最幽絕所住皆靜者密篠夾路傍清泉流舍下（一云雲簇輿坐隅天空落堦下）上人亦何聞塵念俱已捨四禪合真如一切是虛假願承甘露潤喜得惠風洒依止此山門誰能效丘也

宿天台桐栢觀

海行信風帆夕宿逗雲島緬尋滄洲趣近愛赤城好捫蘿亦踐苔輟棹恣探討息陰憩桐栢採秀尋芝草鶴唳清露垂鷄鳴信潮早願言解纓紱從此去煩惱髙步陵四壁玄蹤得三老紛吾遠遊意學此長生道日夕望三山雲濤空浩浩

宿終南翠微寺

翠微終南裏雨後宜返照閉關久沈冥杖策一登眺遂

造幽人室始知静者妙儒道雖異門雲林頗同調兩心喜相得畢景共談笑瞑還高窻眠時見遠山燒緬懷赤城標更憶臨海嶠風泉有清音何必蘇門嘯

春初漢中漾舟

羊公峴山下（一云漾舟逗何處）神女漢臯曲雪罷冰復開春潭千丈綠輕舟恣來往探翫無厭足波影摇妓釵沙光逐人目傾杯魚鳥醉聯句鶯花續良會難再逢日入須秉燭

宿來公山房期丁大不至

夕陽度西嶺羣壑倏已暝松月生夜涼風泉滿清聽樵人歸欲盡煙鳥棲初定之子期宿來孤琴候蘿逕

耶溪泛舟

落景餘清暉輕橈弄溪渚泓澄愛水物臨泛何容與白首垂釣翁新粧浣紗女相看未相識脉脉不得語

彭蠡湖中望廬山

太虛生月暈舟中知天風挂席候明發渺漫平湖中中

流見匡阜勢壓九江雄黯黮凝黛色崢嶸當曙空香爐
初上日瀑水噴成虹久欲追尚子況兹懷遠公我來限
于役未暇息微躬淮海途將半星霜歲欲窮寄言嵓棲
者畢趣當來同

登鹿門山懷古

清曉因興來乘流越江峴沙禽近方識浦樹遥莫辨漸
到鹿門山山明翠微淺巖潭多屈曲舟檝屢迴轉昔聞
龎德公採藥遂不返金澗養芝朮石牀臥苔蘚紛吾感

耆舊結攬事攀踐隱迹今尚存高風邈已遠白雲何時
去丹桂空偃蹇探討意未窮迴艫夕陽晚

遊明禪師西山蘭若

西山多奇狀秀出傍前楹一云西山饒石林磋翠疑削成亭午收彩翠
夕陽照分明吾師住其下禪坐說無生結廬就嵌窟翦
竹通逕行談空對樵叟授法與山精日暮方辭去田園
歸治城

聽鄭五愔彈琴

阮籍推名飲清風坐竹林半酣下衫袖拂拭龍脣琴一杯彈一曲不覺夕陽沈余意在山水閒之諧夙心

疾愈過龍泉寺精舍呈易業二上人

亭午聞山鐘起行散愁疾尋林採芝去轉谷松蘿密傍見精舍開長廊飯僧畢石渠流雪水金子耀霜橘竹房思舊遊過憩終永日入洞窺石髓傍崖採蜂蜜日暮辭遠公虎溪相送出

襄陽旅泊寄閻九司戶

桂水通百越扁舟期曉發荊門蔽三巴夕望不見家襄王夢行雨才子謫長沙長沙饒瘴癘胡為苦畱滯久別思款顏承歡懷接袂接袂杳無由徒增旅泊愁清猿不可聽沿月下湘流

大堤行寄萬七

大堤行樂處車馬相馳突歲歲春草生踏青二三月王孫挾珠彈遊女矜羅襪攜手今莫同江花為誰發

還山贈湛禪師

幼聞無生理常欲觀此身心迹罕兼遂崎嶇多在塵晚途歸舊壑偶與支公鄰喜得林下契共推席上珍念茲泛苦海方便示迷津導以微妙法結為清淨因煩惱業頓捨山林情轉殷朝來問疑義夕話得清真墨妙稱古絕詞華驚世人禪房閑虛靜花藥連冬春平石藉琴硯落泉洒衣巾欲知明滅意朝夕海鷗馴

秋登萬山寄張五

北山白雲裏隱者自怡悅相望始登高心隨鴈飛滅愁

因薄暮起興是清秋發時見歸村人平沙渡頭歇天邊
樹若薺江畔洲如月何當載酒來共醉重陽節

登江中孤嶼贈白雲先生王迥

悠悠清江水水落沙嶼出回潭石下深綠篠岸傍密鮫
人潛不見漁父歌自逸憶與君別時泛舟如昨日夕陽
開晚照中坐興非一南望鹿門山歸來恨相失

晚春卧疾寄張八子容

南陌春將晚北牕猶卧病林園久不遊草木一何盛狹

徑花將盡閒庭竹掃淨翠羽戲蘭苕頳鱗動荷柄念我平生好江鄉遠從政雲山阻夢思衾枕勞感詠感詠復何為同心恨別離世途皆自媚流俗寡相知賈誼才空逸安仁鬢欲絲遙情每東注奔晷復西馳常恐塡溝壑無由振羽儀窮通若有命欲向論中推

書懷貽京邑故人

惟先自鄒魯家世重儒風詩禮襲遺訓趍庭紹末躬晝夜常自强詞賦頗亦工三十既成立嗟吁命不通慈親

向羸老喜懼在深衷甘脆朝不足簞瓢夕屢空執鞭慕
夫子捧檄懷毛公感激遂彈冠安能守固窮當塗訴知
己投刺匪求蒙秦楚邈離異翻飛何日同

遊雲門寺寄越府包戶曹徐起居

我行適諸越夢寐懷所歡久負獨往願今來恣遊盤台
嶺踐嶝石耶溪泝林湍捨舟入香界登閣憩旃檀晴山
秦望近春水鏡湖寬遠行佇應接卑位徒勞安白雲去
久滯滄海竭來觀故國渺天末良朋在朝端遲爾同攜

手何時方挂冠

示孟郊

蔓草蔽極野蘭芝結孤根衆音何其繁伯牙獨不喧當時高深意舉世無能分鍾期一見知山水千秋聞爾其保靜節薄俗徒云云

山中逢道士雲公

春餘草木繁耕種滿田園酌酒聊自勸農夫安與言忽聞荊山子時出桃花源採樵過北谷賣藥來西村村烟

日云夕榛路有歸客杖策前相逢依然是疇昔邂逅歡覯止殷勤叙離隔謂余搏扶桑輕舉振六翮奈何偶昌運獨見遺草澤既笑接輿狂仍憐孔丘厄物情趨勢利吾道貴閒寂偃息西山下門庭罕人跡何時還清溪從爾煉丹液

歲暮海上作

仲尼既已沒余亦浮于海昏見斗柄迴方知歲星改虛舟任所適垂釣非有待為問乘槎人滄洲復何在

越中逢天台太一子

仙穴逢羽人停艫向前拜問余涉風水何事遠行邁登陸尋天台順流下吴會茲山夙所尚安得聞靈怪上逼青天高俯臨滄海大雞鳴見日出每與仙人會來去赤城中逍遥白雲外莓苔異人間瀑布作空界福庭長不死華頂舊稱最永願從此遊何當濟所届

自潯陽泛舟經明海作

大江分九派淼漫成水鄉舟子乘利涉往來逗潯陽因

之泛五湖流浪經三湘覩濤壯枚發弔屈痛沉湘魏闕
心常在金門詔不忘遥憐上林鴈冰泮已回翔

早發漁浦潭

東旭早光芒渚禽已驚聒卧聞漁浦口橈聲暗相撥日
出氣象分始知江路闊美人常晏起照影弄流沫飲水
畏驚猿祭魚時見獺舟行自無悶況值晴景豁

經七里灘

余奉垂堂誡千金非所輕為多山水樂頻作泛舟行五

岳追向子三湘弔屈平湖經洞庭闊江入新安清復聞
嚴陵瀨乃在此川路疊嶂數百里沿洄非一趣彩翠相
氛氳別流亂奔注釣磯平可坐苔磴滑難步猿飲石下
潭鳥還日邊樹觀奇恨來晚倚棹惜將暮揮手弄潺湲
從玆洗塵慮

南陽北阻雪

我行滯宛許日夕望京豫曠野莽茫茫鄉山在何處孤
烟村際起歸鴈天邊去積雪覆平皐饑鷹捉寒兔少年

弄文墨屬意在章句十上耻還家徘徊守歸路

將適天台留別臨安李主簿

枳棘君尚棲匏瓜吾豈繫念離當夏首漂泊指炎裔江海非墮遊田園失歸計定山既早發漁浦亦宵濟泛泛隨波瀾行行任艫栧故林日已遠郡木坐成翳羽人在丹丘吾亦從此逝

適越留別譙縣張主簿申屠少府

朝乘汴河流夕次譙縣界幸因西風吹得與故人會君

學梅福隱余隨伯鸞邁別後能相思浮雲在吳會

送從弟邕下第後歸會稽

疾風吹征帆倏爾向空沒千里去俄頃三江坐超忽向來共歡娛日夕成楚越落羽更分飛誰能不驚骨

送辛大之鄂渚不及

送君不相見日暮獨愁緒江上久徘徊天邊迷處所郡邑經樊鄧雲山入嵩汝蒲輪去漸遥石逕徒延佇

江上別流人

以我越鄉客逢君謫居者分飛黃鶴樓流落蒼梧野驛使乘雲去征帆泝溜下不知從此分還袂何時把

洗然弟竹亭

吾與二三子平生結交深俱懷鴻鵠志共有鶺鴒心逸氣假毫翰清風在竹林遠是酒中趣琴上偶然音

夜登孔伯昭南樓時沈太清朱昇在座

誰家無風月此地有琴罇山水會稽郡詩書孔氏門再來值秋杪高閣夜無喧華燭罷燃蠟清絃方奏鵾沈生

隱侯脣朱子買臣孫好我意不淺登茲共話言

宴鮑二宅

閒居枕清洛左右接大野門庭無雜賓車轍多長者是時方正夏風物自蕭灑五月休沐歸相攜竹林下開襟成歡趣對酒不能罷烟暝棲鳥迷余將歸白社

峴潭作

石潭傍隈隩沙岸曉賞緣試垂竹竿釣果得查頭鯿美人騁金錯纖手鱠紅鮮因謝陸内史蓴羹何足傳

齒坐呈山南諸隱

習公有遺座高在白雲陲樵子見不識山僧賞自知以
余為好事携手一來窺竹露閒夜滴松風清晝吹從來
抱微尚況復感前規於此無奇策蒼生奚以為

與王昌齡宴黄十一

歸來卧青山常夢遊清都漆園有傲吏惠我在招呼書
幌神仙籙畫屏山海圖酌霞復對此宛似入蓬壺

襄陽公宅飲

窈窕夕陽佳丰茸春色好欲覓淹留處無過狹斜道綺席卷龍鬚香杯浮瑪瑙北林積修樹南池生別島手撥金翠花心迷玉芝草談天光六義發論明三倒座非陳子驚門還魏公掃榮辱應無間歡娱當共保

同張明府清鏡嘆

妾有盤龍鏡清光常晝發自從生塵埃有若霧中月愁來試取照坐嘆生白髮寄語邊塞人如何久離別

夏日南亭懷辛大

山光忽西落池月漸東上散髮乘夜涼開軒臥閒敞荷風送香氣竹露滴清響欲取鳴琴彈恨無知音賞感此懷故人中宵勞夢想

秋宵月下有懷

秋空明月懸光彩露霑濕驚鵲棲不定飛螢卷簾入庭槐寒影疎鄰杵夜聲急佳期曠何許望望空佇立

仲夏歸南園寄京邑舊遊

嘗讀高士傳最嘉陶徵君日耽田園趣自謂羲皇人余

復何為者栖栖徒問津中年廢丘壑上國旅風塵忠欲
事明主孝思侍老親歸來冒炎暑耕稼不及春扇枕北
牕下採芝南澗濵因聲謝朝列吾慕潁陽真

家園卧疾畢太祝見尋

伏枕舊遊曠笙歌勞夢思平生重交結迨此令人疑冰
室無暖氣炎雲空赫曦隙駒不暫駐日聽涼蟬悲壯圖
竟未立斑白恨吾衰夫子自南楚緬懷嵩汝期

田家元日

昨夜斗回北今朝歳起東我年已强仕無禄尚憂農野老就耕去荷鋤隨牧童田家占氣候共說此年豐

晚泊潯陽望香鑪峯

挂席幾千里名山都未逢泊舟潯陽郭始見香鑪峯嘗讀遠公傳永懷塵外蹤東林精舍近日暮空聞鍾

萬山潭

垂釣坐磐石水清心益閒魚行潭樹下猿挂島藤間游女昔解佩傳聞於此山求之不可得沿月棹歌還

入峽寄弟

吾昔與汝輩讀書常閉門未嘗冒湍險豈顧垂堂言自此歷江湖辛勤難具論往來行旅弊開鑿禹功存壁立千峯峻潨流萬壑奔我來凡幾宿無夕不聞猿浦上搖歸戀舟中失夢魂淚沾明月峽心斷鶺鴒原離闊星難聚秋深露易繁因君下南楚書此寄鄉園

宿楊子津寄潤州長山劉隱士

所思在夢寐欲往大江深日夕望京口煙波愁我心心

馳茅山洞目極楓樹林不見少微隱星霜勞夜吟

送丁大鳳進士赴舉呈張九齡

吾觀鷦鷯賦君負王佐才惜無金張援十上空歸來棄置鄉園老翮飛羽翼摧故人今在位岐路莫遲迴

送吳悅遊韶陽

五色憐鳳雛南飛適鷓鴣楚人不相識何處求椅梧去去日千里茫茫天一隅安能與斥鷃決起但槍榆

送陳七赴西軍

吾觀非常者碌碌在目前君負鴻鵠志蹉跎書劒年一
聞邊烽動萬里忽爭先余亦赴京國何當獻凱還

田家作

弊廬隔塵喧惟先養恬素卜鄰勞三逕植果盈千樹粤
余任推遷三十猶未遇書枕時將晚丘園日空暮晨興
自多懷晝坐常寡悟冲天羨鴻鵠爭食羞雞鶩望斷金
馬門勞歌採樵路鄉曲無知已朝端乏親故誰能為揚
雄一薦甘泉賦

從張丞相遊紀南城獵戲贈裴迪張參軍

從禽非吾樂不好雲夢田歲晏臨城望只令鄉思懸忝卿有數子聯騎何翩翩世祿金張貴官曹幕府連歲時行殺氣飛刃爭割鮮十里屆賓館徵聲匝妓筵高標迴落日平楚壓芳煙何意狂歌客從公亦在旃

登望楚山最高頂

山水觀形勝襄陽美會稽最高惟望楚曾未一攀躋石壁疑削成衆山比全低晴明試登陟目極無端倪雲夢

掌中小武陵花處迷瞑還歸騎下蘿月在深溪

採樵作

採樵入深山山深水重疊橋崩卧槎擁路險垂藤接日落伴將稀山風拂薜衣長歌負輕策平野望烟歸

早梅

園中有早梅年例犯寒開少婦爭攀折將歸插鏡臺猶言看不足更欲剪刀裁

澗南園即事貽皎上人

弊廬在郭外素業唯田園左右林野曠不聞城市喧釣竿埀北澗樵唱入南軒書取幽棲事還尋靜者論

王迥見尋

歸閒日無事雲卧晝不起有客欵柴扉自云巢居子居閒好花木採藥來城市家在鹿門山常遊澗澤水手持白羽扇脚步青芒履聞道鶴書徵臨流還洗耳

與黃侍御北津泛舟

津無蛟龍患日夕常安流本欲避驄馬何知同鷁舟豈

伊今日幸曾是昔年遊莫奏琴中鶴且隨波上鷗堤緣
九里郭山面百城樓自顧躬耕者才非管樂儔聞君薦
草澤從此泛滄洲

題長安主人壁

久廢南山田謬陪東閣賢欲隨平子去猶未獻甘泉枕
席琴書滿褰帷遠岫連我來如昨日庭樹忽鳴蟬促織
驚寒女秋風感長年授衣當九月無褐竟誰憐

庭橘

明發覽羣物萬木何陰森凝霜漸漸水庭橘似懸金女伴爭攀摘摘窺礙葉深並生憐共蔕相示感同心骨刺紅羅被香粘翠羽簪擎來玉盤裏全勝在幽林

孟浩然集卷一

欽定四庫全書

孟浩然集卷二　　　　唐　孟浩然　撰

七言古詩

夜歸鹿門歌

山寺鳴鐘晝已昏漁梁渡頭爭渡喧人隨沙岸向江村余亦乘舟歸鹿門鹿門月照開煙樹忽到龐公棲隱處巖扉松徑長寂寥惟有幽人自來去

和盧明府送鄭十三還京兼寄之

昔時風景登臨地今日衣冠送别筵閒卧自傾彭澤酒思歸長望白雲天洞庭一葉驚秋早濩落空嗟滯江島寄語朝廷當世人何時重見長安道

送王七尉松滋得陽臺雲

君不見巫山神女作行雲霏紅沓翠曉氛氲嬋娟流入襄王夢倏忽還隨零雨分空中飛去復飛來朝朝暮暮下陽臺愁君此去為仙尉便逐行雲去不迴

鸚鵡洲送王九遊江左

昔登江上黃鶴樓遥愛江中鸚鵡洲洲勢逶迤繞碧流鴛鴦鸂鶒滿沙頭沙頭日落沙磧長金沙耀耀動飈光舟人牽錦纜浣女結羅裳月明全見蘆花白風起遥聞杜若香君行采采莫相忘

高陽池送朱二

當昔襄陽雄盛時山公常醉習家池池邊釣女自相隨粧成照影競來窺澄波淡淡芙蓉發綠岸毵毵楊柳垂一朝物變人亦非四面荒涼人住稀意氣豪華何處在

空餘草露濕羅衣此地朝來餞行者翻向此中妝征馬
征馬分飛日漸斜見此空為人所嗟殷勤為訪桃源路
予亦歸來松子家

五言排律

西山尋辛諤

漾舟乘水便因訪故人居落日清川裏誰言獨羨魚石
潭窺洞徹沙岸歷紆餘竹嶼見垂釣茅齋聞讀書款言
忘景夕清興屬涼初回也一瓢飲賢哉常晏如

冬至後過吳張二子檀溪別業

卜築依自然檀溪不更穿園林二友接水竹數家連直取南山對非關選地偏卜鄰依孟母共井讓王宣曾是歌三樂仍聞詠五篇草堂時偃曝蘭枻日周旋外事情都遠中流性所便閒垂太公釣興發子猷船余亦幽棲者經過竊慕焉梅花殘臘日柳色半春天鳥泊隨陽鴈魚藏縮項鯿停杯問山簡何似習池邊

陪張丞相自松滋江東泊渚宮

放溜下松滋登舟命檝師寧忘經濟日不憚沍寒時洗幘豈獨古濯纓良在茲政成人自理機息鳥無疑雲物吟孤嶼江山辯四維晚來風稍緊冬至日行遲獵響驚雲夢漁歌激楚辭渚宫何處是川暝欲安之

陪盧明府泛舟廻峴山作

百里行春返清流逸興多鷁舟隨鴈泊江火共星羅巳救田家旱仍憂俗化訛文章推後輩風雅激頹波高岸迷陵谷新聲滿棹歌猶憐不調者白首未登科

陪張丞相祠紫蓋山途經玉泉詩

望秩宣王命齋心待漏行青襟列胄子從事有參卿五馬尋歸路雙林指化城聞鐘度門近照膽玉泉清皂蓋依林憩緇徒擁錫迎天宮近兜率沙界豁迷明欲就終焉志恭聞智者名人隨逝水歎波逐覆舟傾想像若在眼周流空復情謝公還欲卧誰與濟蒼生

臘月八日於剡縣石城寺禮拜

石壁開金像香山繞鐵圍下生彌勒見回向一心歸竹

栢禪庭古樓臺世界稀夕嵐增氣色餘照發光輝講席
邀談柄泉堂施浴衣願承功德水從此濯塵機

同獨孤使君東齋作

郎官舊華省天子命分憂襄土歲頻旱隨車雨再流雲
陰自南楚河潤及東周廨宇宜新霽田家賀有秋竹間
殘照入池上夕陽浮寄謝東陽守何如八詠樓

峴山送朱大去非遊巴東

峴山南郭外送別每登臨沙岸江村近松門山寺深一

言余有贈三峽爾相尋祖席宜城酒征途雲夢林蹉跎
遊子意眷戀故人心去矣勿淹滯巴東猿夜吟

宴張記室宅

甲第金張館門庭軒騎多家封漢陽郡文會楚材過曲
島浮觴酌前山入詠歌妓堂花映發書閣柳逶迤玉指
調箏柱金泥飾舞羅誰知書劒者年歲獨蹉跎

登龍興寺閣

閣道乘空出披軒遠目開逶迤見江勢客至屢緣迴茲

郡何塡委遥山復幾哉蒼蒼皆草木處處盡樓臺驟雨一陽散行舟四海來鳥歸餘興滿周覽更徘徊

登總持寺浮屠

半空蹐寶塔晴望盡京華竹遶渭川遍山連上苑斜四門開帝宅千陌俯人家累刼從初地為童憶聚沙一窺功德見彌益道心加坐覺諸天近空香送落花

與崔二十一遊鏡湖寄包賀二公

試覽鏡湖物中流見底清不知鱸魚味但識鷗鳥情帆

得樵風送春逢穀雨晴將探夏禹穴稍背越王城府掾有包子文章推賀生滄浪醉後唱因子寄同聲

本闍黎新亭作

八解禪林秀三明給苑才地偏香界遠心靜水亭開傍險山查立尋幽石逕迴瑞花長自下靈藥豈須栽碧網交紅樹清泉盡綠苔戲魚聞法聚閑鳥誦經來棄象玄應悟忘言理必該靜中何所得吟詠也徒哉

長安早春

闕戍惟東漠城池起北辰咸歌太平日共樂建寅春雪盡青山樹冰開黑水濵草迎金埒馬花伴玉樓人鴻漸看無數鶯歌聽欲頻何當桂枝擢歸及柳條新

秦中苦雨思歸贈袁左丞賀侍郎

為學三十載閉門江漢陰明敭逢聖代羈旅屬秋霖豈直昏墊苦亦為權勢沉二毛催白髮百鎰罄黃金淚憶峴山墮愁懐湘水深謝公積憤懣莊舄空謡吟躍馬非吾事狎鷗真我心寄言當路者去矣北山岑

陪張丞相登荆州城樓因寄蘇臺張使君及浪
泊戍主劉家

薊門天北畔銅柱日南端出守聲彌遠投荒法未寛側身聊倚望攜手莫同懽白璧無瑕玷青松有歲寒府中丞相閣江上使君灘興盡迴舟去方知行路難

荆門上張丞相

共理分荆國招賢愧楚材召南風更闡丞相閣還開覲止欣眉睫沉淪拔草萊坐登徐孺榻頻接李膺杯始慰

蟬鳴柳俄看雪聞梅四時年籥盡千里客程催日下瞻
歸翼沙邊厭曝鰓佇聞宣室召星象復中台

和宋太史北樓新亭

返耕意未遂日夕登城隅誰謂山林近坐為符竹拘麗
譙非改作軒檻是新圖遠水自嶓冢長雲呑具區顧隨
江燕賀羞逐府寮趨欲識狂歌者丘園一豎儒

夜泊宣城界

西塞沿江島南陵問驛樓潮平津濟濶風止客帆收去

去懷前浦茫茫泛夕流石逢羅剎礙山泊敬亭幽火熾
梅根冶煙迷楊葉洲離家復水宿相伴賴沙鷗

奉先張明府休沐還鄉海亭宴集

自君理畿甸余亦經江淮萬里音信斷數年雲雨乖歸
來休澣日始得賞心諧朱紱心雖重滄洲趣每懷樹低
新舞閣山對舊書齋何以發佳興陰蟲鳴夜階

同張明府碧谿贈答

別業聞新製同聲和者多還看碧谿答不羨綠珠歌自

有陽臺女朝朝拾翠過舞庭鋪錦繡粧牖閉藤蘿秋滿
休間日春餘景色和仙卮能作伴羅襪共凌波別島尋
花藥廻潭折芰荷更憐斜日照紅粉艷青娥

贈蕭少府

上德如流水安仁道若山聞君秉高節而得奉清顏鴻
漸昇台羽牛刀列下班處腴能不潤居劇體常閒去詐
人無諂除邪吏息姧欲知清與潔明月在澄灣

同王九題就師山房

晚憩支公室故人逢右軍軒牕避炎暑翰墨動新文竹閑牕裏日一作竹蔽簷前日雨隨堦下雲同遊清陰遍吟卧夕陽曛江靜棹歌歇溪深樵語聞歸途未忍去携手戀清芬

上張吏部

公門世緒昌才子冠褎王自出平津邸還為吏部郎神仙餘氣色列宿動輝光夜直南宮靜朝趨北禁長時人窺水鏡明主賜衣裳翰苑飛鸚鵡天池待鳳凰

和于判官登萬山亭因贈洪府都督韓公

韓公美襄土日賞城西岑結構意不淺嵓潭趣轉深皇華一動詠荆國幾謳吟舊徑蘭勿翦新堤柳欲陰砌傍餘恠石沙上有閒禽自牧豫章郡空瞻楓樹林因聲寄流水善聽在知音耆舊眇不接崔徐無處尋物情多貴遠賢俊豈遙今遲爾長江暮澄清一洗心

下灨石

灨石三百里沿洄千嶂間沸聲常浩浩洊勢亦潺潺跳

沫魚龍沸垂藤猿狖攀榜人苦奔峭而我忘險艱放溜
情彌遠登艫目自閒瞑帆何處泊遙指落星灣

行至漢川作

異縣非吾土連山盡綠篁平田出郭少盤壠入雲長萬
壑歸於海千峯劃彼蒼猿聲亂楚峽人語帶巴鄉石上
攢椒樹藤間養蜜房雪餘春未暖嵐解晝初陽征馬疲
登頓歸帆愛渺茫坐欣沿溜下信宿見維桑

久滯越中贈謝南池會稽賀少府

陳平無產業尼父倦東西負郭昔云翳問津今已迷未能忘魏闕空此滯秦稽兩見夏雲起再聞春鳥啼懷仙梅福市訪舊若耶溪聖主賢為寶卿何隱遁棲

送韓使君除洪府都督

述職撫荊衡分符襲寵榮往來看擁傳前後賴專城勿翦棠猶在波澄水更清重推江漢理旋改豫章行呂父多遺愛羊公有令名衣冠列祖道耆舊擁前旌峴首晨風送江陵夜火迎無才慙孺子千里愧同聲

盧明府九日峴山宴袁使君張郎中崔員外

宇宙誰開闢江山此鬱盤登臨今古用風俗歲時觀地理荆州分天涯楚塞寛百城今刺史華省舊郎官共美重陽節俱懷落帽歡酒邀彭澤載琴輟武城彈獻壽先浮菊尋幽或藉蘭烟虹鋪藻翰松竹挂衣冠叔子神如在山公興未闌嘗聞騎馬醉還向習池看

宴崔明府宅夜觀妓

畫堂觀妙妓長夜正留賓燭吐蓮花艷粧成桃李春髻

鬟低舞席衫袖掩歌脣汗濕偏宜粉羅輕詎著身調移箏柱促歡會酒杯頻儻使曹王見應嫌洛浦神

韓大侯東齋會岳上人諸學士

郡守虛陳榻林間召楚材山川祈雨畢雲物喜晴開抗禮尊縫掖臨流揖渡杯徒攀朱仲李誰薦和羹梅翰墨緣情製高深以意裁滄洲趣不遠何必問蓬萊

初年樂城館中臥疾懷歸

異縣天隅僻孤帆海畔過往來鄉信斷留滯客情多臘

月聞雷震東風感歲和蟄虫驚戸穴巢鵲眄庭柯徒對

芳樽酒其如伏枕何歸來理舟楫江海正無波

上巳日㵎南園期王山人陳七諸公不至

搖艇候明發花源弄晚春在山懷綺季臨漢憶荀陳上

巳期三月浮杯興十旬坐歌空有待行樂恨無隣日晚

蘭亭北烟花曲水濵浴蠶逢姹女採艾值幽人石壁堪

題序沙場好解紳羣公望不至虛擲此芳晨

送莫氏甥兼諸昆弟從韓司馬入西軍

念爾習詩禮未甞離戶庭平生早偏露萬里更飄零坐
棄三冬業行觀八陣形飾裝辭故里謀策赴邊庭壯志
呑鴻鵠遙心伴鶺鴒所從文與武不戰自應寧

峴山送蕭員外之荆州

峴山江岸曲郢水郭門前自古登臨處非今獨顯然亭
樓明落日井邑秀通川澗竹生幽興林風入管絃再飛
鵬激水一舉鶴沖天佇立三荆使看君駟馬旋

送王昌齡之嶺南

洞庭去遠近楓葉早驚秋峴首羊公愛長沙賈誼愁土
風無縞紵鄉味有查頭已抱沉痾疾更貽魑魅憂數年
同筆硯茲夕異衾裯意氣今何在相思望斗牛

孟浩然集卷二

欽定四庫全書

孟浩然集卷三　　唐　孟浩然　撰

五言律詩

與諸子登峴山

人事有代謝往來成古今江山留勝迹我輩復登臨水落魚梁淺天寒夢澤深羊公碑尚在讀罷淚沾襟

臨洞庭

八月湖水平涵虛混太清氣蒸雲夢澤波撼岳陽城欲

濟無舟檝端居恥聖明坐觀垂釣者徒有羨魚情

晚春

二月湖水清家家春鳥鳴林花掃更落徑草踏還生酒伴來相命開樽共解醒當杯已入手歌妓莫停聲

歲暮歸南山

北闕休上書南山歸敝廬不才明主棄多病故人疎白髮催年老青陽逼歲除永懷愁不寐松月夜窻虛

梅道士水亭

傲吏非凡吏名流即道流隱居不可見高論莫能酬水
接仙源近山藏鬼谷幽再來迷處所花下問漁舟

閒園懷蘇子

林園雖少事幽獨自多違向夕開簾坐庭陰葉落微鳥
從煙樹宿螢傍水軒飛感念同懷子京華去不歸

留別王維

寂寂竟何待朝朝空自歸欲尋芳草去惜與故人違當
路誰相假知音世所稀祗應守寂寞還掩故園扉

武陵泛舟

武陵川路狹前棹入花林莫測幽源裏仙家信幾深水廻青嶂合雲渡綠谿陰坐聽閒猿嘯彌清塵外心

同曹三御史行泛湖歸越

秋入詩人興巴歌和者稀泛湖同旅泊吟會是歸思白蘋徒推薦滄洲已拂衣杳冥雲海去誰不羨鴻飛

遊景空寺蘭若

龍象經行處山腰度石關屢迷青嶂合時愛綠蘿閒宴

息花林下高談竹嶼間寥寥隅塵事疑是入雞山

陪張丞相登嵩陽樓

獨步人何在嵩陽有故樓歲寒問耆舊行縣擁諸侯決

莽北彌望沮漳東會流客中遇知已無復越鄉憂

與顏錢塘登樟亭望潮作

百里雷聲震鳴絃暫輟彈府中連騎出江上待潮觀照

日秋雲逈浮天渤澥寬驚濤來似雪一坐凛生寒

大禹寺義公禪

義公習禪寂結宇依空林戶外一峯秀堦前衆壑深夕陽連雨足空翠落庭陰看取蓮花淨方知不染心

尋白鶴嵓張子容隱居

白鶴青嵓畔幽人有隱居堦庭空水石林壑罷樵漁歲月青松老風霜苦竹踈覩兹懷舊業攜策返吾廬

九日

九日未成旬重陽即此晨登高尋故事載酒訪幽人落帽恣歡飲授衣同試新茱萸正可佩折取寄情親

除夜樂城張少府宅

雲海訪甌閩風濤泊島濵如何歲除夜得見故鄉親余是乘槎客君為失路人平生復能幾一别十餘春

舟中晚望

掛席東南望青山水國遥舳艫爭利涉來往任風潮問我今何適天台訪石橋坐看霞色晚疑是赤城標

遊精思觀迴王白雲在後

出谷未亭午至家已夕曛迴瞻山下路但見牛羊羣樵

子暗相失草蟲寒不聞衡門猶未掩佇立待夫君

與杭州薛司户登樟亭驛

水樓一登眺半出青林高帟幕英僚散芳筵下客叨山藏伯禹穴城壓伍胥濤今日觀溟漲垂綸欲釣鼇

尋天台山作

吾友太一子飡霞卧赤城欲尋華頂去不憚惡溪名歇馬憑雲宿揚帆截海行高高翠微裏遥見石梁橫

宿立公房

支遁初求道深公笑買山何如石嵓趣自入戶庭間苔
澗春泉滿蘿軒夜月間能令許玄度吟卧不知還

尋滕逸人故居

人事一朝盡荒蕪三徑休始聞漳浦卧奄作岱宗遊池
水猶含墨山雲已落秋今朝泉壑裏何處覓藏舟

姚開府山池

主人新邸第相國舊池臺館是招賢闢樓因教舞開軒
車人已散簫管鳳初來今日龍門下誰知文舉才

夏日浮舟過滕逸人别業

水亭涼氣多閒棹晚來過澗影見藤竹潭香聞芰荷野童扶醉舞山鳥笑酣歌幽賞未云遍煙光奈夕何

夏日辨玉法師茅齋

夏日茅齋裏無風坐亦涼竹林新笋穊籐架引梢長鶯覓巢窠處蜂來造蜜房物華皆可翫花蘂四時芳

與張折衝遊耆闍寺

釋子彌天秀將軍武庫才横行塞北盡獨步漢南來貝

葉傳金口山櫻作賦開因君振嘉藻江楚氣雄哉

與白明府遊江

故人來自遠邑宰復初臨執手恨為別同舟無異心沿洄洲渚趣演漾絃歌音誰識躬耕者年年梁甫吟

遊精思題觀主山房

誤入花源裏初憐竹逕深方知仙子宅未有世人尋舞鶴過閒砌飛猿嘯密林漸通玄妙理深得坐忘心

尋梅道士

彭澤先生柳山陰道士鵝我來從所好停策夏雲多重
以觀魚樂因之鼓枻歌崔徐跡未朽千載揖清波

陪姚使君題惠上人房 得青字

帶雪梅初暖含煙柳尚青來窺童子偈得聽法王經會
理知無我觀空厭有形迷心應覺悟客思不遑寧

晚春遠上人南亭

給園支遁隱虛寂養閒和春晚羣木秀關關黃鳥歌林
棲居士竹池養右軍鵝花月北牕下清風期再過

人日登南陽驛門亭子懷漢川諸友

朝來登陟處不似豔陽時異縣殊風物羇懷多所思剪花驚歲早看柳訝春遲未有南飛鴈裁書欲寄誰

遊鳳林寺西嶺

共喜年華好來遊水石間烟容開遠樹春色滿幽山壺酒朋情洽琴歌野興閒莫愁歸路暝招月伴人還

陪獨孤使君同與蕭員外證登萬山亭

萬山青嶂曲千騎使君遊神女鳴環佩仙郎接獻酬遍

觀雲夢野自愛江城樓何必東南守空傳沈隱侯

贈道士參寥

蜀琴久不弄玉匣細塵生絲脆絃將斷金徽色尚榮知音徒自惜聾俗本相輕不遇鍾期聽誰知鸞鳳聲

京還贈張維

拂衣去何處高枕南山南欲徇五斗祿其如七不堪早朝非晏起束帶異抽簪因向智者說遊魚思舊潭

題李十四莊兼贈綦毋校書

聞君息陰地東郭柳林間左右瀍澗水門庭緱氏山抱
琴來取醉垂釣坐乘閒歸客莫相待緣源殊未還

寄趙正字

正字芸香閣幽人竹葉園經過宛如昨歸卧寂無喧高
鳥能擇木羝羊漫觸藩物情今已見從此願忘言

秋登張明府海亭

海亭秋日望委曲見江山染翰聊題壁傾壺一解顔歡
逢彭澤令歸賞故園間余亦將琴史棲遲共取閒

題融公蘭若

精舍買金開流泉遶砌廻芰荷薰講席松栢映香臺法雨晴飛去天花晝下來談玄殊未已歸騎夕陽催

九日龍沙寄劉大

龍沙豫章北九日挂帆過風俗因時見湖山發興多容中誰送酒棹裏自成歌歌竟乘流去滔滔任夕波

洞庭湖寄閻九

洞庭秋正闊余欲泛歸船莫辨荆吴地唯餘水共天渺

瀰江樹沒合沓海湖連遲爾為舟檝相將濟巨川

和李侍御渡松滋江

南紀西江闊皇華御史雄截流寧假檝挂席自生風寮寀爭攀鷁魚龍亦避驄坐聞白雪唱翻入棹歌中

秦中感秋寄上人

一丘常欲臥三徑苦無資北土非吾願東林懷我師黃金燃桂盡壯志逐年衰日夕涼風至聞蟬但益悲

重酬李少府見贈

養疾衡茆下由來浩氣真五行將禁火十步想尋春致
敬維桑梓邀歡即故人還看後凋色青翠有松筠

宿永嘉江寄山陰崔國輔少府

我行窮水國君使入京華相去日千里孤帆天一涯卧
聞海潮至起視江月斜借問同舟客何時到永嘉

上巳日洛中寄王迥十九

卜洛成周地浮杯上巳筵闘雞寒食下走馬射堂前垂
柳金堤合平沙翠幕連不知王逸少何處會羣賢

聞裴侍御朏自襄州司戶除豫州司戶因以投

寄

故人荆府掾尚有柏臺威移職自樊沔芳聲聞帝畿昔余臥林巷載酒訪柴扉松菊無君賞鄉園懶欲歸

江上寄山陰崔國輔少府

春堤楊柳發憶與故人期草木本無意枯榮自有時山陰定遠近江上日相思不及蘭亭會空吟祓禊詩

送洗然弟進士舉

獻策金門去承歡彩服違以吾一日長念爾聚星稀昏定須溫席寒多未授衣桂枝如已擢早逐鴈南飛

夜泊盧江聞故人在東林寺以詩寄之

江路經盧阜松門入虎溪聞君尋寂樂清夜宿招提石鏡山精怯禪林怖鴿棲一燈如悟道為照客心迷

宿桐盧江寄廣陵舊遊

山暝聽猿愁滄江急夜流風鳴兩岸葉月照一孤舟建德非吾土維揚憶舊遊還將數行淚遙寄海西頭

南還舟中寄袁太祝

沿泝非便習風波厭苦辛忽聞遷谷鳥來報五陵春嶺北迴征棹巴東問故人桃源何處是遊子正迷津

東陂遇雨率爾貽謝南池

田家春事起丁壯就東陂殷殷雷聲作森森雨足垂海虹晴始見河柳潤初移余意在耕稼因君問土宜

行至汝墳寄盧徵君

行乏憩余駕依然見汝墳洛川方罷雪嵩嶂有殘雲曳

曳半空裏溶溶五色分聊題一詩輿因寄盧徵君

寄天台道士

海上來仙客三山望幾時焚香宿華頂裛露採靈芝屢踐莓苔滑將尋汗漫期儻因松子去長與世人辭

和張明府登鹿門山

忽示登高作能寬旅寓情絃歌既多暇山水思彌清草得風先動虹因雨後成謬承巴俚和非敢應同聲

和張三自穰縣還途中遇雪

風吹沙海雪來作柳園春宛轉隨香騎輕盈伴玉人歌
疑郢中客態比洛川神今日南歸楚雙飛似入秦

歲除夜會樂城張少府宅

疇昔通家好相知無間然續明催畫燭守歲接長筵舊
曲梅花唱新正柏酒傳客行隨處樂不見度年年

自洛之越

皇皇三十載書劒兩無成山水尋吳越風塵猒洛京扁
舟泛湖海長揖謝公卿且樂杯中酒誰論世上名

歸至郢中作

遠遊經海嶠返棹歸山阿日夕見喬木鄉園在伐柯愁隨江路盡喜入郢門多左右看桑土依然即匪佗

途中遇晴

已失巴陵雨猶逢蜀坂泥天開斜景遍山出晚雲低餘濕猶霑草殘流尚入谿今宵有明月鄉思遠悽悽

蔡陽館

日暮馬行疾城荒人住稀聽歌疑近楚投館忽如歸魯

堰田疇廣章陵氣色微明朝拜嘉慶須著老萊衣

他鄉七夕

他鄉逢七夕旅館亦羇愁不見穿針婦空懷故國樓緒風初減熱新月始登秋誰忍窺河漢迢迢望斗牛

夜泊牛渚趁薛八船不及

星羅牛渚夕風送鷁舟遲浦溆常同宿烟波忽間之榜歌空裏失船火望中疑明發泛湖海茫茫何處期

曉入南山

瘴氣曉氛氳南山沒水雲鯤飛今始見鳥墮舊來聞地接長沙近江從泊渚分賈生曾弔屈余亦痛斯文

夜渡湘水

客行貪利涉夜裏渡湘川露氣聞香杜歌聲識採蓮榜人投岸火漁子宿潭煙行旅時相問潯陽何處邊

赴命途中逢雪

迢遞秦京道蒼茫歲暮天窮陰連晦朔積雪滿山川落鴈迷沙渚饑烏噪野田客愁空佇立不見有人烟

宿武陵即事

川暗夕陽盡孤舟泊岸初嶺猿相叫嘯潭影侶空虛就枕滅明燭扣船聞夜漁雞鳴問何處人物是秦餘

同盧明府餞張郎中除義王府司馬海園作

上國山河裂賢王邸第開故人分職去潘令寵行來冠蓋趨梁苑江湘失楚材預愁軒騎動賓客散池臺

落日望鄉

客行愁落日鄉思重相催況在他山外天寒夕鳥來雪

深迷郢路雲暗失陽臺可歎悽惶子勞歌誰為媒

永嘉上浦館逢張八子容

逆旅相逢處江村日暮時衆山遥對酒孤嶼共題詩廨宇鄰蛟室人烟接島夷鄉關萬餘里失路一相悲

送張子容赴舉

夕曛山照滅送客出柴門惆悵野中別殷勤醉後言茂林余偃息喬木爾飛翻無使谷風誚須令友道存

送張參明經舉兼向涇州省覲

十五綵衣年承歡慈母前孝廉因歲貢懷橘向秦川四座推文舉中郎許仲宣泛舟江上別誰不仰神仙

泝江至武昌

家本洞庭上歲時歸思催客心徒欲速江路苦邅迴殘凍因風解新梅變臘開行看武昌柳髣髴映樓臺

唐城館中早發寄楊使君

犯霜驅曉駕數里見唐城旅館歸心逼荒村客思盈訪人留後信策蹇赴前程欲識離魂斷長空聽鴈聲

陪李侍御謁聰禪上人

欣逢柏臺舊共謁聰公禪石室無人到繩床見虎眠陰崖常抱雪松澗為生泉出處雖云異同懽在法筵

和張丞相春朝對雪

迎氣當春立承恩喜雪來潤從河漢下花逼豔陽開不覩豐年瑞安知燮理才撒鹽如可擬願糝和羮梅

孟浩然集卷三

欽定四庫全書

孟浩然集卷四　　　　唐　孟浩然　撰

五言律詩

送吳宣從事

才有幕中畫而無塞上勲漢兵將滅虜王粲始從軍旌斾邊亭去山川地脉分平生一匕首感激贈夫君

送張祥之房陵

我家南渡隱慣習野人舟日夕弄清淺林端逆上流山

河據形勝天地生豪酋君意在利涉知音期暗投

送桓子之郢城過禮

聞君馳綵騎躞蹀指南荊為結潘楊好言過鄢郢城摽梅詩已贈羔鴈禮將行令夜神仙女應來感夢情

早春潤州送弟還鄉

兄弟遊吳國庭闈戀楚關已多新歲感更餞白眉還歸泛西江水離筵北固山鄉園欲有贈梅柳著先攀

送告八從軍

男兒一片氣何必五車書好勇方過我才多便起余運
籌將入幕養拙就閒居正待功名遂從君繼兩疏
送元公之鄂渚尋觀主張驂鸞
桃花春水漲之子忽乘流峴首辭蛟浦江邊問鶴樓贈
君青竹杖送爾白蘋洲應是神仙輩相期汗漫遊
峴山餞房琯崔宗之
貴賤平生隔軒車是日來青陽一覯止雲霧豁然開祖
道衣冠列分亭驛騎催方期九日聚還待二星迴

送王五昆季省覲

公子戀庭幃勞歌涉海沂水乘舟檝去親望老萊歸斜日催烏烏清江照綵衣平生急難意遥仰鶺鴒飛

送崔易

片玉來誇楚治中作主人江山增潤色詞賦動陽春別館當虛敬離情任吐伸因聲兩京舊誰念卧漳濱

送盧少府使入秦

楚關望秦國相去千里餘州縣勤王事山河轉使車祖

筵江上列離別恨前書願及芳年賞嬌鸎二月初

送謝錄事之越

清旦江天迥涼風西北吹白雲向吳會征帆亦相隨想
到耶溪日應探禹穴奇仙書儻相示余在北山陲

洛下送奚三還揚州

水國無邊際舟行共使風羨君從此去朝夕見鄉中余
亦離家久南歸恨不同音書若有問江上會相逢

送袁十嶺南尋弟

早聞牛渚詠今見鸛鴿心羽翼嗟零落悲鳴別故林蒼梧白雲遠烟水洞庭深萬里獨飛去南風遲爾音

永嘉別張子容

舊國余歸楚新年子北征挂帆愁海路分手戀朋情日夜故園意汀洲春草生何時一杯酒重與季鷹傾

送袁太祝尉豫章

何幸遇休明觀光來上京相逢武陵客獨送豫章行隨牒牽黄綬離羣會墨卿江南佳麗地山水舊難名

都下送辛大之鄂

南國辛居士言歸舊竹林未逢調鼎用徒有濟川心余亦忘機者田園在漢陰因君故鄉去遥寄式微吟

送席大

惜爾懷其寶迷邦倦客遊江山歷全楚河洛越成周道路疲千里鄉園老一丘知君命不偶同病亦同憂

送賈昪主簿之荆府

奉使推能者勤王不暫閒觀風隨按察乘騎度荆關送

別登何處開筵舊峴山征軒明日遠空望郢門間

送王大校書

導漾自嶓冢東流為漢川維桑君有意解纜我開筵雲雨從茲別林端意渺然尺書能不恡時望鯉魚傳

浙江西上留別裴劉二少府

西上浙江西臨流恨解携千山疊成嶂萬壑合為溪石淺流難泝藤長險易躋誰憐問津者歲晏此中迷

京還留別新豐諸友

吾道昧所適驅車還向東主人開舊館留客醉新豐樹遶温泉綠塵遮晚日紅拂衣從此去高步躡華嵩

廣陵别薛八

士有不得志悽悽吳楚間廣陵相遇罷彭蠡泛舟還檣出江中樹波連海上山風帆明日遠何處更追攀

臨渙裴明府席遇張十一房六

河縣柳林邊河橋晚泊船文叨才子會官喜故人連笑語同今夕輕肥異往年晨風理歸棹吳楚各依然

盧明府早秋宴張郎中海園即事

邑有絃歌宰翔鸞狎野鷗眷言華省舊暫滯海池遊欝

島藏深竹前溪對舞樓更聞書即事雲物是新秋

同盧明府早秋夜宴張郎中海亭

側聽絃歌宰文書遊夏徒故園欣賞竹為邑幸來蕪華

省曾聯事仙舟復與俱欲知臨泛久荷露漸成珠

崔明府宅夜觀妓

白日既云暮朱顏亦已酡畫堂初點燭金幌半垂羅長

袖平陽曲新聲子夜歌從來慣留客茲夕為誰多

宴榮山人池亭

甲地金張宅（一云甲第開金穴）榮期樂自多櫪嘶支遁馬池養右軍鵝竹引嵇琴入花邀戴客過山公時取醉來唱接䍦歌

夏日宴衛明府宅

言避一時暑池亭五月開喜逢金馬客同飲玉人杯舞鶴乘軒至遊魚擁釣來座中殊未起簫管莫相催

清明日宴梅道士房

林下愁春盡開軒覽物華忽逢青鳥使邀我赤松家丹竈初開火仙桃正發花童顏若可駐何惜醉流霞

寒食宴張明府宅

瑞雪初盈尺寒宵始半更列筵邀酒伴刻燭限詩成香炭金爐暖嬌絃玉指清厭厭不覺醉歸路曉霞生一云醉來方欲卧不覺曉雞鳴

和賈主簿弁九日登峴山

楚萬重陽日羣公賞燕來共乘休沐暇同醉菊花杯逸
思高秋發歡情落景催國人咸寡和遙愧洛陽才

宴張別駕新齋

世業傳珪組江城佐股肱高齋徵學問虛薄濫先登講
論陪諸子文章得舊朋士元多賞激衰病恨無能

李氏園臥疾

我愛陶家趣林園無俗情春雷百卉坼寒食四鄰清伏
枕嗟公幹歸田羨子平年年白社客空滯洛陽城

過故人庄

故人具雞黍邀我至田家緑樹村邊合青山郭外斜開
筵面場圃把酒話桑麻待到重陽日還來就菊花

途中九日懷襄陽

去國已如昨倏然經杪秋峴山不可見風景令人愁誰
採籬下菊應閒池上樓宜城多美酒歸與葛強遊

初出關旅亭夜坐懷王大校書

向夕槐烟起葱籠池館曛客中無偶坐關外惜離羣燭

至螢光滅荷枯雨滴聞永懷蓬閣友寂寞滯揚雲

李少府與王九再來

弱歲早登龍今朝喜再逢何如春月柳猶憶歲寒松烟火臨寒食笙歌咽曙鐘喧喧鬭雞道行樂羨朋從

尋張五

聞就龐公隱移居近洞湖興來林是竹歸卧谷名愚挂席樵風便開軒琴月孤歲寒何用賞霜落故園蕪

張七及辛大見訪

山公能飲酒居士好彈箏世外交初得林中契已幷納涼風颯至逃暑日將傾便就南亭裏餘樽惜觧醒

題張野人園廬

與君園廬並微尚頗亦同耕釣方自逸壺觴趣不空門無俗士駕人有上皇風何必先賢傳唯稱龐德公

過故融公蘭若

池上青蓮宇林間白馬泉故人成異物過客獨潸然既禮新松塔還尋舊石筵平生竹如意猶挂草堂前

早寒江上有懷

木落鴈南度北風江上寒我家湘水曲遥隔楚雲端鄉淚客中盡歸帆天際看迷津欲有問平海夕漫漫

南山下與老圃期種瓜

樵木南山近林閭北郭賒先人留素業老圃作鄰家不種千株橘唯資五色瓜邵平能就我開徑翦蓬麻

裴司士見訪

府寮能枉駕家醞復新開落日池上酌清風松下來廚

人具雞黍稚子摘楊梅誰道山公醉猶能騎馬迴

除夜

迢遞三巴路羇危萬里身亂山殘雪夜孤燭異鄉人漸與骨肉遠轉於僮僕親那堪正漂泊來日歲華新

傷峴山雲表上人

少小學書劍秦吳多歲年歸來一登眺陵谷尚依然豈意餐霞客忽隨朝露先因之問閭里把臂幾人全

賦得盈盈樓上女

夫壻久別離青樓空望歸粧成卷簾坐愁思嬾縫衣鷰
子家家入楊花處處飛空牀難獨守誰為解金徽

春怨

佳人能畫眉粧罷出簾帷照水空自愛折花將遺誰春
情多豔逸春意倍相思愁心極楊柳一種亂如絲

閨情

一別隔炎涼君衣忘短長裁縫無處等以意忖情量畏
瘦宜傷窄防寒更厚裝半啼封裹了知欲寄誰將

寒夜

閨夕綺窻閑佳人罷縫衣理琴開寶匣就枕臥重幃夜久燈花落薫籠香氣微錦衾重自暖遮莫曉霜飛

美人分香

艷色本傾城分香更有情髻鬟垂欲解眉黛拂能輕舞學平陽態歌翻子夜聲春風狹斜道含笑待逢迎

七言律詩

登安陽城樓

縣城南面漢江流江嶂開成南雍州才子乘春來騁望羣公暇日坐銷憂樓臺晚映青山郭羅綺晴嬌綠水洲向夕波搖明月動更疑神女弄珠遊

歲除夜有懷

五更鐘漏欲相催四氣推遷往復迴帳裏殘燈纔有焰鑪中香氣盡成灰漸看春逼芙蓉枕頓覺寒消竹葉杯守歲家家應未卧相思那得夢魂來

登萬歲樓

萬歲樓頭望故鄉獨令鄉思更茫茫天寒鴈度堪垂淚
月落猿啼欲斷腸曲引古堤臨凍浦斜分遠岸近枯楊
今朝偶見同袍友却喜家書寄八行

春情

青樓曉日珠簾映紅粉春粧寶鏡催已厭交懽憐枕席
相將遊戲遶池臺坐時衣帶縈纖草行即裙裾掃落梅
更道明朝不當作相期共鬬管絃來

五言絶句

宿建德江

移舟泊烟渚日暮客愁新野曠天低樹江清月近人

春曉

春眠不覺曉處處聞啼鳥夜來風雨聲花落知多少

送朱大入秦

遊人五陵去寶劔直千金分手脫相贈平生一片心

送友人之京

君登青雲去余望青山歸雲山從此別淚濕薜蘿衣

初下浙江舟中口號

八月觀潮罷三江越海尋回瞻魏闕路無復子牟心

醉後贈馬四

四海重然諾吾常聞白眉秦城遊俠客想得半酣時

檀溪尋古

花半成龍竹池分躍馬溪田園人不見疑向武陵迷一作疑向洞中樓

同張將薊門看燈

異俗非鄉俗新年改故年薊門看火樹疑是燭龍然

峴山亭寄晉陵張少府

峴首風湍急雲帆若鳥飛憑軒試一問張翰欲來歸

口號贈王九

日暮田家遠山中勿久淹歸人須早去稚子望陶潛

同儲十二洛陽道中作

珠彈繁華子金羈遊俠人酒酣白日暮走馬入紅塵

尋菊花潭主人不遇

行至菊花潭村西日已斜主人登高去雞犬空在家

張郎中梅園作

綺席鋪蘭杜珠盤忻芰荷故園留不住應是戀絃歌

問舟子

向夕問舟子前程復幾多灣頭正好泊淮裏足風波

楊子津望京口

北固臨京口夷山近海濱江風白浪起愁殺渡頭人

北澗泛舟

北澗流恒滿浮舟觸處通沿洄自有趣何必五湖中

洛中訪袁拾遺不遇

洛陽訪才子江嶺作流人聞說梅花早何如北地春

送張郎中遷京

碧溪常共賞朱邸忽遷榮預有相思意聞君琴上聲

戲贈主人

客醉眠未起主人呼解醒已言雞黍熟復道甕頭清

七言絕句

過融上人蘭若

山頭禪室挂僧衣窻外無人溪鳥飛黃昏半在下山路
却聽泉聲戀翠微

涼州詞二首

渾成紫檀金屑文作得琵琶聲入雲胡地迢迢三萬里
那堪馬上送明君
異方之樂令人悲羗笛胡笳不用吹坐看今夜關山月
思殺邊城遊俠兒

越中送張少府歸秦中

試登秦嶺望秦川遥憶青門更可憐仲月送君從此去瓜時須及邵平田

濟江問同舟人

潮落江平未有風輕舟共濟與君同時時引領望天末何處青山是越中

送杜十四

荆吴相接水為鄉君去春江正渺茫日暮征帆泊何處

天涯一望斷人腸

孟浩然集卷四

仿古版文淵閣四庫全書

集部・孟浩然集卷一至四

編纂者◆（清）紀昀　永瑢等
董事長◆施嘉明
總編輯◆方鵬程
編印者◆本館四庫籌備小組
承製者◆博創印藝文化事業有限公司

出版發行：臺灣商務印書館股份有限公司
台北市重慶南路一段三十七號
電話：(02)2371-3712
讀者服務專線：0800056196
郵撥：0000165-1
網路書店：www.cptw.com.tw
E-mail：ecptw@cptw.com.tw
網址：www.cptw.com.tw

局版北市業字第 993 號
初版一刷：1986 年 5 月
二版一刷：2010 年 10 月
三版一刷：2012 年 10 月
定價：新台幣 900 元　A7620153

國立故宮博物院授權監製
臺灣商務印書館數位製作

ISBN 978-957-05-2764-3

國家圖書館出版品預行編目 (CIP) 資料

欽定四庫全書．集部 ： 孟浩然集．卷一至四 ／
（清）紀昀，永瑢等編纂．-- 三版．-- 臺北市 ：
臺灣商務， 2012. 10
面；　　公分
ISBN 978-957-05-2764-3（線裝）

1. 四庫全書

082.1　　101019495